KT-159-720

This edition published in 2005 by
Birlinn Limited
West Newington House
10 Newington Road
Edinburgh EH9 1QS

www.birlinn.co.uk

First published A' chiad clò-bhualadh: An t-Sultain 1994

Copyright © Y Lolfa Cyf., 1994

*This book is subject to copyright and it is illegal to reproduce any
part of it by any means, except for review purposes, without the
prior written consent of the publishers.*

Tha an leabhar seo fo dhlighe-sgrìobhaidh agus chan eil e
ceadaichte pàirt sam bith dheth ath-riochdachadh ann an cruth sam
bith no air dhòigh sam bith, ach a-mhàin airson lèirmheas, gun
cead sgrìobhaidh rolàimh bho na foillsichearan.

Original pictures and text:
Na dealbhan agus an teacsa o thùs:
Flann O'Riain

Additional editing:
Obair-deasachaidh a bharrachd:
Seònaid NicNèill (Janet MacNeil)

Gaelic text by:
A' Ghàidhlig le:
George Jones (Seòras Jones)

ISBN10: 1 84158 331 6
ISBN13: 978 1 84158 331 0

British Library Cataloguing-in-Publication Data
A Catalogue record for this book is available from
the British Library

Printed by: Clò-bhuailte agus foillsichte sa Chuimrigh le: Y Lolfa
Cyf., Talybont, Ceredigion SY24 5AP

Cartoons: FLANN O'RIAIN
Gaelic text by: GEORGE JONES

Birlinn

Nota

(Note)

WARNING! — this book isn't a textbook! You will
need to consult grammar books and dictionaries as
well. You might also want to start a more
conventional and structured Gaelic course.

Comann Luchd-Ionnsachaidh (the Learners' Society),
5 Mitchell's Lane, Inbhir Nis/Inverness IV2 3HQ
Tel. 0463 711792 will be able to provide you with
details of courses and other resources for learners.

But now forget all that! Relax and enjoy the gentle
humour of the easiest, laziest introduction to Gaelic
ever published.

Mi(se)	me
Thu(sa)	you
E(san)	he
I(se)	she

Sinn(e)   you
Sibh(se)   you (plural)
Iad(san)   they

Tha mi a' falbh a-mach	I am going out
Chan eil mi a' falbh a-mach	I am not going out
Tha iad a' tighinn	They are coming
Tha iad a' falbh	They are going
Tha mi nam ruith	I am running
Tha mise nam ruith cuideachd	I am running too
Chan eil mise nam ruith	I am not running

Tha mi	I am
Tha thu	you are
Tha e/i	he/she is
Tha sinn	we are
Tha sibh	you are
Tha iad	they are
Tha a' chlann	the children are

Chan eil mi	I am not
Chan eil thu	you are not
Chan eil e/i	he/she is not
Chan eil sinn	we are not
Chan eil sibh	you are not
Chan eil iad	they are not
Chan eil a' chlann	the children are not

A-mach	Out

A bheil sibh a' tighinn?	Are you coming?
Tha sinn a' leughadh	We are reading
Chan eil mi a' bruidhinn	I am not talking
Tha sinn a' seinn	We are singing
Tha mi a' caoineadh	I am crying
Chan eil mi a' seinn	I am not singing
Tha Iain a' cluich na fìdhle	Iain is playing the fiddle
Tha Pero ag ithe	Pero is eating
Tha an cat a' gàireachdainn	The cat is laughing
A' caoineadh	Crying

an/am/a' — the
am before b,f,m and p
an before other letters
a' before aspirated consonants (i.e. when a consonant has h following—bh, ch, gh etc)

Tha an nighean salach

Chan eil am balach salach

Tha an cù salach

Tha am fear a' leughadh

Tha am boireannach ag obair

Tha an nighean glan

Chan eil am fear ag obair no a' leughadh nas motha

Tha an nighean salach	The girl is dirty
Tha an cù salach	The dog is dirty
Chan eil am balach salach	The boy is not dirty
Tha am boireannach ag obair	The woman is working
Tha am fear a' leughadh	The man is reading
Chan eil am fear ag obair no a' leughadh nas motha	The man is not working or reading either
Tha an nighean glan	The girl is clean
salach	dirty
boireannach	woman

14

Tha luch aig a' chat	The cat has a mouse
Tha luch agam	I have a mouse
Tha cù agam	I have a dog
Tha cù aice	She has a dog
Tha màileid aca	They have a bag
Dè a th' aca?	What have they?

Aig	with
Agam	with me
Agad	with you
Aige	with him
Aice	with her
Againn	with us
Agaibh	with you
Aca	with them
Aig a' chloinn	with the children

a' chat — aspirated form of *an cat*
a' chloinn — special form of *a' chlann* after *aig*

Tha fear a-muigh an sin
There is a man out there

Rug am poileas air an fhear
The police caught the man

Tha boireannach aig an doras
There is a woman at the door

Tha am boireannach a' dol a-staigh
The woman is going in

Boireannaich	Women	**Nighean**	Girl
Fir	Men	**Nigheanan**	Girls
Na fir	The men	**Balach**	Boy
Tha am fear...	The man is...	**Balaich**	Boys
Tha fear...	There is a man...	**Duine**	Person
		Daoine	Persons/people

'S e tarbh a th' ann	It is a bull
Chan e sioraf a th' ann	It is not a giraffe
'S e càmhal a th' ann	It is a camel
An e sioraf a th' ann?	Is it a giraffe?
Nach e Volkswagen a th' ann?	Isn't it a Volkswagen?
Càit a bheil e?	Where is it?

Càit a bheil e? — Where is it? if referring to a masculine noun; feminine noun—**Càit a bheil i?**

Beir air!   Catch it!

Beir air—Catch (familiar command form)
Beiribh air—Catch (formal and plural command form)

Tarraing!	Pull!
Buail!	Hit!
Tarraing e!	Pull it!

An rathad seo!   This way!

Mar seo   This way (Like this)

Bùth aodaichean nam ban   Women's clothes shop

Taigh-seinnse   Pub

A-mach à seo!	Out of here!	**A-staigh**	In
A-muigh	Outside	**Dhachaigh**	Home
A-steach an seo!	In here!	**Dhachaigh**	At home

Duine	(a) person	**Leth-aonan**	twins
Dà dhuine	two people	**Leth-aon**	one twin

A h-aon (aonan)	1	**A sè/sia (sèanar/sianar)**	6
A dhà (dithis)	2	**A seachd (seachdnar)**	7
A trì (triùir)	3	**A h-ochd (ochdnar)**	8
A ceithir (ceathrar)	4	**A naoi (naoinear)**	9
A còig (còignear)	5	**A deich (deichnear)**	10

The forms in brackets are special forms mostly used for referring to people. In the case of 6, *sè* is the form used in southern dialects and *sia* is used in the north.

Fear	Man	**Fear**	Husband
Boireannach	Woman	**Bean**	Wife
Fear agus Bean	Man and Wife		

Initial changes (sometimes called 'aspiration')

b	**bh (v)**
c	**ch (χ)**
d	**dh (γ)**
f	**fh (-)**
g	**gh (γ)**
m	**mh (v)**
p	**ph (f)**
s	**sh (h)**
t	**th (h)**

other initial changes

a	**h-a**	a	**t-a**
e	**h-e**	e	**t-e**
i	**h-i**	i	**t-i**
o	**h-o**	o	**t-o**
u	**h-u**	u	**t-u**

s	**t-s**

Uisge   Water

Cù Dog   **A choin** Dog   **Cù!** Dog!

When addressing someone/something by name, an *a* is placed in front of the name, the first letter is aspirated—i.e. its sound is changed by the addition of a letter *h* after it, and in some words the ending changes.

Loisg air!	Fire at him/it!
Na loisgibh orm!	Don't fire at me!
Loisgibh	Fire

Eatarra   Between them

Eadar	Between	**Eadaraibh**	Between you
Eadarainn	Between us	**Eatarra**	Between them

Dà phaidhir, an e?
Chan e, trì paidhrichean
Chan eil paidhir ann!

Two pairs, is it?
No three pairs
No pair!

Teine!	Fire!
IFRINN	HELL
Tiops?	Chips?

A dhà   Two
Dithis eile!   Another two! (Although *dithis* should strictly
                  only be used for referring to people, this rule is
                  often disobeyed).

Seasaibh!	Stand!
Suidhibh!	Sit!
Laighibh!	Lie!

Loisg!	Fire!
Chan e, abraibh 'Loisgibh!'	No, say 'Fire!'
Loisgibh!	Fire!

Mionaid	A minute
60 diog	60 seconds
Mionaid	Minute
Diog	Second

Làn	Full!
Ifrinn	Hell
Bus	Bus

A' chiad duine	The first person
An dàrna duine	The second person
An treas duine	The third person
An duine mu dheireadh	The last person

Ciad	First
Dàrna	Second
Treas	Third
Ceathramh	Fourth
Còigeamh	Fifth
Sèathamh/Siathamh	Sixth
Seachdamh	Seventh
Ochdamh	Eighth
Naoidheamh	Ninth
Deicheamh	Tenth

Clach (A) stone
Creag (A) rock

Ciamar a theireadh sibh *sticks*? How would you say *sticks*?

Bataichean	Walkingsticks	**Lasadairean**	Matches
Connadh	Firewood	**Beuldath**	Lipstick

Theirinn	I would say
Theireadh tu	You would say
Theireadh e/i	S/he would say
Theireamaid	We would say
Theireadh sibh	You would say
Theireadh iad	They would say

Ciamar a theireadh sibh *knock*?

How would you say *knock*?

Na buail e!
Gnog!

Don't knock it!
Knock!

Deamar a theireadh sibh *air*?

How would you say *air*?

Eadhar — Air
Oighre — Heir
Falt — Hair
Maol — Bald

Ciamar a theireadh sibh *post*?   How would you say *post*?

Post   A pole/post
Obair, a bhalaich!   A job, my boy!
Am Post   The post (mail)
Litir a chur anns a' phost   To post a letter

Ciamar a theireadh sibh *flag*?

Siolastar
Leac
Bratach

How would you say *flag*?
Yellow flag
Flagstone
Flag

Ciamar a theireadh sibh _ring_?

Fònaibh 999
Fiaclair
Buail an glag
Fàinne

How would you say _ring_?
Call (ring) 999
Dentist
Ring the bell
Ring

45

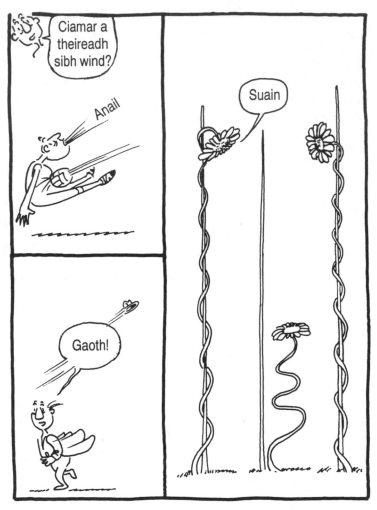

Ciamar a theireadh sibh *wind*?

Anail
Gaoth
Suain!

How would you say *wind*?

Breath
Wind
Turn/Wind!

Ciamar a theireadh sibh *wild*?

Gaoth fhiadhaich
Beathach fiadhaich
Flùraichean fiadhaich

How would you say *wild*?

Wild wind
A wild animal
Wild flowers

Ciamar a theireadh sibh *row*?   How would you say *row*?

Tha sinn ann an sreath   We are in a line/row

Iomairibh!	Row!	
Iorghail	Quarrel	**Trod** — Dispute (row)
Faram	Noise (row)	**Taigh-seinnse** — Bar

Ciamar a theireadh sibh *roll*?   How would you say *roll*?

Rolla Fhrangach French roll
Rolla silidh Jam roll
Iain MacLeòid Iain MacLeod
Clàr Roll (register)

An seo! Here!
Torman Drum roll

Ciamar a theireadh sibh *right*?   How would you say *right*?

Ceart   Right (correct)
Deas   Right
Ceàrr   Incorrect
Ceart gu leòr?   O.K.?

Ciamar a theireadh sibh *one*?

A h-aon
Air leth-chois
Air leth-shùil
Aon rathad
Ifrinn

How would you say *one*?
One
One-legged
One-eyed
One way
Hell

Ciamar a theireadh sibh *bow*?

Bogha
Cràbhat
Toiseach luinge
Bow-wow!

How would you say *bow*?

Bow
Bow-tie
Bow (of ship)
Bow-wow!

Ciamar a theireadh sibh *fast*?	How would you say *fast*?
Luath	Fast/Speedy
Traisg	To fast
Clis	Fast/quick
Tha grèim teann agam	I have a tight grip
Tha grèim teann agamsa cuideachd!	I also have a tight grip!

Special endings can be added to persons for emphasis:-

Agam	with me	**Agamsa**	with *me*

So also:- **Agadsa Aigesan Aicese Againne Agaibhse Acasan**

Ciamar a theireadh sibh *bill*? How would you say *bill*?
Gob Bill
Dùin do ghob! Shut your beak!
Sanasair Bill
Cunntas! Bill!

Ciamar a theireadh sibh *point*?   How would you say
                                       point?

Gob!   Point!
Rubha   Point
Pong!   Point!

Ciamar a theireadh sibh *bar*?

How would you say *bar*?

Crann   Bar
Crann-tarsainn   (Cross) bar
Bàr   Bar/pub

57

Ciamar a theireadh sibh *sign*?	How would you say *sign*?
Tha e a' fàs coltach ri fras!	Sign of rain/Looks like rain!
Coltas na deoch	Mark of drink
Sgrìobhaibh ur n-ainm!	Sign (your name here)!
Dè tha an comharradh ag ràdh?	What does the sign say?
An aire! Toll!	Beware! Hole!
An aire! Toll eile!	Beware! Another hole!

mo	my
do	your
a/a	his/her
ar	our
ur	your
an/am	their

Some of these cause aspiration and others do not. Consult grammar books!

Ciamar a theireadh sibh *fresh*? — How would you say *fresh*?

Eadhar glan	Fresh (air)
Oiteag sgairteil	Fresh breeze
Tha mi an dèidh mi fhèin a bhearradh	I am freshly shaven
Chan eil an t-iasg ùr!	The fish is not fresh!

Ciamar a theireadh sibh *light*?

An las thu dhomh e?
SOLAS!
Tha am poca aotrom
Sìos!

How would you say *light*?

A light, please?
LIGHT!
The sack is light
Down (Alight)!

61

Ciamar a theireadh sibh *neat*?	How would you say *neat*?
Gun uisge, mas e do thoil e!	Without water, please!
Uisge-beatha	Whisky
Sgrìobhadh grinn	Nice writing
Luideach	Untidy
Grinn	Tidy
Grinn	Neat/Pretty

Tha mi nam chadal   I am asleep
Tha i na cadal   She is asleep / sleeping
Tha e na chadal   He is asleep / sleeping

Cuir salann air	Put salt on it
Cuir ceann air	Put a head on it
Cuir ceann air	Put a head on him

Amhairc air sin!	Look at that!
Amhairc air seo	Look at this
Sin	That
Seo	This

Tha mise beag!	I am small!
Tha mise mòr!	~~I am big!~~
Tha sinne beag!	We are small!
Tha iadsan mòr!	They are big!
Tha sinne mòr!	We are big!

Mise	emphatic form of *mi* (I)
Sinne	emphatic form of *sinn* (we)
Iadsan	emphatic form of *iad* (they)

Tha e ro fhada!   It is too long!

Cuir ort e!	Put it on (you)!
Cuir ort iad!	Put them on (you)!
Cuir ort i!	Put them on (you)!
Cuir ort e/i!	Wear it!
Cuir ort iad!	Wear them!

The word for 'trousers', *briogais* is singular and feminine, so they are referred to as *i*.

Tha mi bun-os-cionn!
Chan eil mi bun-os-cionn!

Tha an dùthaich bun-os-cionn!

I am upside-down!
I am not upside-down!

The country is upside-down!

'S e a' chiad rud
Agus an uair sin

First of all
And then

Tog do làmh!

Tog do spòg!
Tog thusa do làmh, a bhugair!

Take (remove) your hand!
Remove your paw!
Remove your hand, bugger!

Na dèan an seo e!
Amar-snàmh

Don't do it here!
Swimming pool

Tha e air a dhèanamh à fiodh!   It is made of wood!
Tha e air a dhèanamh à iarann!   It is made of iron!
Tha e/i air a d(h)èanamh à...   It is made of...

cas = leg (feminine)
ceann = head (masculine)   **ball** = ball (masculine)

Tha mi a' caitheamh ad — I am wearing a hat
Chan eil mi a' caitheamh brògan — I am not wearing shoes
Cò a thilg a' chlach sin? — Who threw that stone?

| **Tilg** | Throw | **Thilg mi** | I threw |
| **Thilg** | Threw | **Thilg thu** | You threw etc. |

Tha i tollte	It is punctured
Tha e tollte	It is burst
Tha i tollte	There is a hole in it
Tha e tollte	There is a hole in it
Tha e/i tollte	There is a hole in it

Leig às e!
Cò a leig às iad?
Na leig às an t-uisge!

Release it!
Who released them?
Don't let the water out!

Fàilte! (Welcome!)   You are welcome!

Chan eil mòran ann   There is not much there (in it)

Tha e bog   It's soft

Leum mi ro thràth   I jumped too early
Tha thu ro thràth   You are too early
Chan eil mi ro thràth   I am not too early

Dìreach mionaid eile!   Just another minute!

Bha mi sgìth
Bha mo mhàthair crosda
Bha fear an dealain an seo

Bha am pathadh orm

I was tired
My mother was cross
The electrician was here
I was thirsty

Dùin à chiste!	Close the coffin!
Dùin do bheul!	Shut your mouth!
Dùin e!	Shut it!
Bruidhinn	Talk

Cuir salann air   Put salt on it
Cuir mullach air   Put a roof on it
Cuir gob air   Put a point on it

Tha ceithir casan oirre   She has four feet
Tha ceithir casan air   It has four feet
Each   Horse

Tha e anmoch	It is late
Tha mi fadalach	I am late
Tha i fadalach	She is late
Port-Adhair	Airport
Anmoch	Late (in the day)
Fadalach	Late (for appointment)

Dè an aois a tha e?
Càit an deachaidh e?
Càit am bi iad gan dèanamh?

What age is he?
Where did he go?
Where do they make them?

A bheil e mòr?
A bheil thu beag?
Tha e goirid!
Tha an rathad seo goirid
agus tha an rathad seo fada

Is he big?
Are you small?
It is short!
This road is short
and this road is long

A bheil mi?	Am I?
A bheil thu?	Are you?
A bheil e/i?	Is he/she?
A bheil sinn?	Are we?
A bheil sibh?	Are you?
A bheil iad?	Are they?
A bheil a' chlann?	Are the children?
Càit a bheil e a' dol?	Where is he going?
Càit a bheil sibh a' dol?	Where are you going?
Gruagaire	Hairdresser

An cuala tu am fear seo? — Did you hear this one?
Cha chuala mi rud sam bith — I didn't hear anything
An cuala tu cat? — Did you hear a cat?
An cuala mi? — Did I hear?
An cuala tu? — Did you hear? etc.
Cha chuala mi — I did not hear
Cha chuala tu — You did not hear etc.

Càit an robh iad?	Where were they?
Càit a bheil e?	Where is he?
Càit a bheil mo bhriogais?	Where are my trousers?

An robh mi?	Was I?
An robh thu?	Were you?
An robh e/i?	Was he/she?
An robh sinn?	Were we?
An robh sibh?	Were you?
An robh iad?	Were they?
An robh a' chlann?	Were the children?

Cò dhiúbh?	Which one?
Cò?	Who?
Càit?	Where?
Cuin?	When?
Dè?	What?
Carson?	Why?
Ciamar?	How?

Cò dhiubh?
Cò dhiubh a tha a dhìth ort?

Which (of them)?
Which one do you
want?

Ciamar a dh'òlas mi?　　How shall I drink?
Ciamar a dh'itheas mi?　How shall I eat?
Ciamar a their thu　　　How do you say *how*
how **sa Ghàidhlig?**　　　in Gaelic?

Ciamar a chluicheas tu seo?   How do you play this?

Ciamar a chluicheas tu rugbaidh?   How do you play rugby?

Cò tha sin?   Who is there?
Gnog! Gnog!   Knock, knock!

Cò tha shìos an sin?
Cò tha shuas an sin?

Who is down there?
Who is up there?

Tilg am ball a-nuas!
A' bheil thu a' tighinn a-nuas?

Pong eile!

Throw down the ball!
Are you coming
down?
Another point!

Cò leis iad seo?   Who owns these?
Cò leis i seo?   Who owns this?

Leam	With me/belonging to me
Leat	With you/belonging to you
Leatha	With her/belonging to her
Leis	With him/belonging to him
Leinn	With us/belonging to us
Leibh	With you/belonging to you
Leotha	With them/belonging to them
Le	With/by/belonging to

Càit a bheil an searbhadair?	Where is the towel?
Càit a bheil an taigh beag?	Where is the toilet?
Càit a bheil an duine agam?	Where is my husband?
Taigh-beag	Toilet

Dè an uair a tha e?   What time is it?

Cò a rinn seo?	Who did this?
Cò a rinn an tì?	Who made the tea?
Rinn mi	I did/made
Rinn thu	You did/made
	etc

A bheil lasadair agad?
A bheil sgillinn agad?
A bheil òrd agad?

Have you a match?
Have you a penny?
Have you a hammer?

A' bheil e deis fhathast?   Is it ready yet?
Chan eil i deis fhathast   She is not ready yet
Chan eil mi deis fhathast   I am not ready yet

Am faic thu mi?   Do you see me?
Chan fhaic mi dad   I don't see anything
Chì mi RUD   I see SOMETHING

Dè an t-ainm a th' orm?	What is my name?
Dè an t-ainm a th' ort?	What is your name?
Dè an t-ainm a th' air?	What is his name?
Dè an t-ainm a bh' air?	What was his name?

Orm	on me
Ort	on you
Oirre	on her
Air	on him
Oirnn	on us
Oirbh	on you
Orra	on them
Air	on

An do chuir thu a-mach an cat? Did you put the cat out?

Na cuir sgillinn air Don't put a penny on it

Chuir mi mustard air I put mustard on it

Am faca tu an tèile?   Did you see the one?
Am faca sibh Jill?   Did you see Jill?
Saoil am faca am polasman mi?   Did the policeman see me?

Bithidh e fliuch   It will be wet
Cha bhi e fliuch   It will not be wet
Fliuchaidh mi an tì   I will wet the tea

Bithidh mi	I will be	**Fliuch**	Wet
Bithidh tu	You will be	**Fliuchaidh mi**	I will wet
Bithidh e/i	He/She will be	**Fliuchaidh tu**	You will wet
Bithidh sinn	We will be	**Fliuchaidh e/i**	He/She will wet
Bithidh sibh	You will be	**Fluchaidh sinn**	We will wet
Bithidh iad	They will be	**Fluchaidh sibh**	You will wet
		Fluchaidh iad	They will wet

Coisichidh mi	I will walk
Ruithidh mi	I will run
Cha choisich mi	I will not walk
Ameireaga	America
Coisich	Walk
Coisichidh mi	I will walk
Cha choisich mi	I will not walk
An coisich mi?	Shall I walk?

Nam biodh òrd agam...	If I had a hammer...
Nam biodh gucag-uighe agam...	If I had an egg cup...
Nam biodh tiops agam...	If I had chips...
Nam biodh cìr agam...	If I had a comb...

Bhithinn	I would be
Bhitheadh tu	You would be
Bhitheadh e,i	S/he would be
Bhitheamaid	We would be
Bhitheadh sibh	You would be
Bhitheadh iad	They would be

Nan lìonadh e
Nan seasadh tu far an robh thu

Nan ceannaicheadh tu
pàipear-naidheachd

If the tide came in
If you stood where
you were

If you bought a
newspaper

Ma dhùisgeas e...   If he awakens...
Ma dh'òlas mi seo...   If I drink this...
Ma dh'fhosglas tu an doras...   If you open the door...

Nam fàsadh e...	If it grew...(masculine nouns)
Nam fàsadh i...	If it grew...(feminine nouns)
Nam fàsadh tu...	If you grew...
Nam fàsadh e	If he/it grew
Nam fàsadh i	If she/it grew
Nam fàsadh tu	If you grew

Ma bhriseas seo...
Ma dh'fhàsas e fliuch...
Ma thuiteas an speur...

If this breaks...
If it rains...
If the sky falls...

Air eagal gun tig fras

In case a shower comes

Air eagal!
Air eagal nach dùisg mi ann an àm

In case!
In case I don't wake up in time

Nam biodh each agam...   If I had a horse...
Nam biodh dìollaid agam...   If I had a saddle...
Nam biodh an ad nas motha...   If the hat was larger...
Nam biodh do cheann nas lugha...   If your head was smaller...

Ma sheinneas tu...	If you sing...
Ma phògas e i...	If he kisses her...
Ma phutas tu mi...	If you give me a push...

124

Gaelic	English
Tha mi ag ithe	I am eating
Tha mi an dèidh ithe	I have eaten it
Tha mi a' briseadh clachan	I am breaking stones
Tha mi an dèidh am briseadh	I have broken them
Tha mi a' fighe stoc	I am knitting a scarf
Tha mi an dèidh a chrìochnachadh	I have finished it
Tha mi ga h-òl	I am drinking it
Tha mi an dèidh a h-òl	I have drunk it

Mo chù!	My dog!
M' athair	My father
Mo chàr!	My car!
Mo dhìnnear!	My dinner!
Mo speuclairean!	My spectacles!

An dealbh aicese

An dealbh aigesan

An uaireadair aicese

Na speuclairean aicese

A ceann-se

A cheann-san

Na speuclairean aigesan

An uaireadair aigesan

An sgàilean-uisge aicese

An sgàilean-uisge aigesan

Na brògan aicese

Na brògan aigesan

127

An dealbh aicese	Her picture
An dealbh aigesan	His picture
A ceann-se	Her head
A cheann-san	His head
An uaireadair aicese	Her watch
An uaireadair aigesan	His watch
Na speuclairean aicese	Her spectacles
Na speuclairean aigesan	His spectacles
An sgàilean-uisge aicese	Her umbrella
An sgàilean-uisge aigesan	His umbrella
Na brògan aicese	Her shoes
Na brògan aigesan	His shoes

Do bhriogais	Your trousers
Do bhean	Your wife (woman)
D' earball	Your tail
Do bhall	Your ball

Chan eil cuimhn' agam
I don't remember

Nach eil cuimhn' agad air Màiri?
Don't you remember Màiri?

Chan eil cuimhn' againn
We don't remember

Stad mionaid! Tha cuimhn' aige!
Wait a minute! He remembers!

Fòn
Telephone

An urrainn dhut?	Can you/ Are you able?
'S urrainn, cha chreid mi	I can, I think
Cha chreid mise gun urrainn	I don't think so
Chan urrainn dhomh	I cannot/I am not able
An urrainn dhut snàmh?	Can you swim?

NOTE: *'S urrainn, cha chreid mi* means *Yes, I think so* even though *cha chreid mi* literally means *I do not believe/think*!!! The reason for this is that it is understood to be short for a double negative, e.g. *Cha chreid mi nach urrainn dhomh* = literally, *I don't believe I cannot = I think I can.*

132

Cò tha còmhla riut?	Who's with you?
'S e 11474 a tha còmhla rium	It's 11474 who's with me
'S e 11474 an t-ainm a th'orm	11474 is my name
Cò tha còmhla ribh?	Who's with you?
'S e 11475 a tha còmhla rinn	It's 11475 who's with us
Is mise 11475. Tha mi còmhla rithese agus ris-san	I am 11475. I am with her and with him
Am b' e 11457 a bha còmhla riutha?	Was it 11457 who was with them?
Cha b' e, 's e 11475 a bh' ann. 'S e Iain an t-ainm a th' air	No, it was 11475. His name is Iain
Tha Iain còmhla rinn	Iain is with us

Taobh a-stigh	Inside
Taobh a-staigh dhìom	Inside me
Taobh a-staigh dhìot	Inside you
Taobh a-staigh dheth	Inside him/it
Taobh a-staigh dhith	Inside her/it
Taobh a-staigh dhinn	Inside us
Taobh a-staigh dhibh	Inside you
Taobh a-staigh dhiubh	Inside them
Gu dè tha taobh a-staigh dhìot?	What is inside you?
Tha cat taobh a-staigh dhìom	There's a cat inside me
Tha mi taobh a-staigh dheth	I am inside it
Tha isean taobh a-staigh dheth	There's a chicken inside it
Tha isean taobh a-staigh dhinn	There is a chicken inside us
Gu dè tha taobh a-staigh dhibh?	What is inside you?
Gu dè tha taobh a-staigh dhith?	What is inside it?

Do	To/for
Dhomh	To me
Dhut	To you
Dhà	To him
Dhì	To her
Dhuinn	To us
Dhuibh	To you (plural)
Dhaibh	To them

Thoir dhomh sgillinn	Give me a penny
Dhìse	To her
Dhàsan	To him
Dhutsa	To you
Gu dè a fhuair thu dhuinne?	What did you get for us?
Gu dè a thug e dhuibh?	What did he give to you (plural)?
Gu dè a fhuair thu dhaibh?	What did you get for them?

NOTE the adding of enings for emphasis, eg:
dhomh — to me
dhòmhsa — to <u>me</u>

likewise **dhutsa, dhàsan, dhìse, dhuinne, dhuibhse, dhaibhsan**

138

Tha a h-uile duine romhpa	Everybody is before them
A bheil duine sam bith romham?	Is anyone before me?
Tha ceathrar romhad	There are four before you
Tha triùir roimhpe	There are three before her
Tha dithis romhpa	There are two before them
A bheil duine sam bith romhainn?	Is there anyone before us?
Tha aon duine romhad	One person is before you

Nàire!	Shame!	**Pathadh**	Thirst
Sgìos	Tiredness	**Acras**	Hunger
Cnatan	A cold	**Bainne**	Milk
Còta mòr	A big coat (overcoat)		

Bha mi a' glanadh an t-simileir	I was cleaning the chimney
Bha thu ag òl	You were drinking
Bha sinn anns an uisge	We were in the water
Bha e anns a' bhanca	He was in the bank
Bha i am bùth a' ghruagaire	She was at the hairdresser
Bha sibh a' sabaid	You (plural) were fighting
Bha iad ann an Hawaii	They were in Hawaii

Tha mi aonaranach	I am lonely
Tha mi sgìth	I am tired
Tha an cnatan oirre	She has a cold
A bheil an t-acras oirbh?	Are you hungry?
Tha sinn a' caitheamh còta mòr	We are wearing an overcoat
Nach eil nàire ort?	Aren't you ashamed?
Tha an t-acras orra	They are hungry

143

An robh mi nam chadal?	Was I asleep?
An robh thu a-muigh?	Were you out?
An robh sibh san ubhalghort agam?	Were you (plural) in my orchard?
An robh e dona?	Was he bad?
An robh adhaircean air?	Did it have horns?
An robh sibh aig pàrtaidh?	Were you (plural) at a party?

Cha robh thu ag èisdeachd	You were not listening
Cha robh mi a' toirt an aire	I was not paying attention
Cha robh an cat ann	The cat was not there
Cha robh e ann an àm	He was not in time
Cha robh àite ann dhomh	There was no room for me
Cha robh uisge ann	There was no water in it
Cha robh mi	I was not
Cha robh thu	You were not
	etc

Bithidh mi an seo a ghnàth	I'm always here
Bithidh e fadalach a ghnàth	It's always late
Bithidh sinn còmhla a ghnàth	We're always together
Bithidh i san speur feadh	She's in the sky
na h-oidhche	at night
Bithidh iad ag òl	They drink
Am bi thu a' leughadh	Do you read the
an leasain Ghàidhlig?	Gaelic lesson?

Note: **Bithidh** is a habitual present tense as well as a future.

Tha gaoth ann	It's windy
Tha e teth	It's hot
Tha an t-sìde grànda	The weather is bad
Tha e brèagha	It's fine
Tha e fliuch	It's wet
Tha e glè fhliuch	It's very wet

An e baidhsaglair a bh' ann?   Was it a cyclist?
An e coisiche a bh' ann?   Was it a pedestrian?
Nach e uisge a bh' ann?   It wasn't water?
An e mèirleach a bh' ann?   Was he a thief?
An e stoirm a bh' ann?   Was it a storm?

Clach	Stone
Cas	Leg
Bròg	Shoe
Cearc	Hen
Gruag	Hair
Cluas	Ear
Cìr	Comb
Pàirc	Field

A′ chìr	The comb
A′ chearc	The hen
A′ bhròg	The shoe
Cas	Leg

Am preas	The bush	**A' mhil**	The honey
An t-snàthad	The needle	**An spàin**	The spoon
An t-sùil	The eye	**An sìbhreach**	The fairy
An t-sròn	The nose		

An ugh	The egg	**An t-aran**	The bread
An aimsir	The weather	**An t-ìm**	The butter
An adharc	The horn	**An t-easbaig**	The bishop
An olann	The wool	**An t-iasgair**	The fisherman
		An t-inneal	The engine

Note: *Ugh* can be masculine or feminine according to dialect, so you could also have *An t-ugh*.

Tha e a' tighinn
Tha iad a' tighinn
Tha iad a' tighinn air ais
Dh'fhalbh iad

He is coming
They are coming
They are coming back
They are gone

Tha e a' dol sìos	He is going down
Clonc!	Clunk!
Ràinig e am bonn!	He (it) has reached the bottom!
Tha e a' tighinn a-nìos!	He is coming up!

Dh'fhalbh iad	They left
Dh'fhalbh i	She left
Dh'fhalbh i	It (fem.) left

Leum i   She jumped
Leum e   He jumped
Leum iad   They jumped
Cha do leum mise, 's ann a thuit mi!   I didn't jump
    - I fell!

A' caitheamh ad

Caithte

A'smocadh

Millte

A' cosg

Air a chosg

A' caitheamh ad	Wearing a hat
Caithte	Worn out
A'smocadh	Smoking
Millte	Wasted/perished
A' cosg	Spending
Air a chosg	Spent
TRAMSGAL	LITTER

Gu h-obann	Suddenly
Gu mall	Slowly
Gu gaisgeil	Bravely/Heroically

Fosgail!	Open!
Sluig!	Swallow!
Na fosgail!	Don't open!
Na sluig!	Don't swallow!
Gabhaibh air falbh!	Depart (plural)!
Na gabh air falbh!	Don't depart!

Eisd!	Listen!
Eisdibh!	Listen (plural)!
Na èisd!	Don't listen!

Gaelic	English
Ochd uairean	Eight o'clock
Leth-uair an dèidh a h-ochd	Half past eight
Còig mionaidean gu naoi	Five to nine
Còig mionaidean gu trì	Five to three
Trì uairean	Three o'clock
Deich uairean	Ten o'clock
Leth-uair an dèidh	Half past
cairteal gu	Quarter to
Cairteal an dèidh	Quarter past
Deich mionaidean	Ten minutes
Fichead mionaid	Twenty minutes
Còig mionaidean air fhichead	Twenty five minutes

Nach bi thu a' caithheamh
briogais aig do bhracaist?
Bithidh mi a' caitheamh ad
Am bi thu a' gabhail siùcair?
Cha bhi
Nach bi thu ag òl tì?
Cha bhi
Bithidh mi a' nighe
mo ghruaig leis
Bithidh mise a' nighe
mo ghruaig le siùcar

Don't you wear
trousers at breakfast?
I wear a hat
Do you take sugar?
No
Don't you drink tea?
No
I wash my hair with it

I wash my hair with
sugar

Clì	Left
Deas	Right
Ris an làimh chlì, tionndaidhibh!	To the left, turn!
Ris an làimh dheis, tionndaidhibh!	To the right, turn!
Do chas dheas	Your right foot
DO CHAS CHLI	YOUR LEFT FOOT

Thuit i	It fell
Thuit mi	I fell
Thuit iad	They fell
Thuit sinn	We fell

Tha iad a' dol suas	They are going up
Tha e a' tighinn a-nuas	He is coming down
Tha i shuas	She is up
Tha i a' tighinn a-nuas	She is coming down

Bun-sgoil	Primary school
Ard-sgoil	Secondary school
Oilthigh	University

Caibideil 1	Chapter 1
An toiseach	The Beginning
An deireadh	The end
Toiseach	Beginning/Start
Deireadh	End

DOIGH-LABHAIRT (pronunciation)

Seo mar a their thu na litrichean sa Ghàidhlig.
This is how you pronounce the letters in Gaelic.

Mar as àbhaist, thig a' bhuille air a' chiad lide.
As a rule, the stress falls on the first syllable.

a	as in 'fat'
à	long, as in 'far'
b	harder than in English, often sounding closer to Enlish 'p'
bh	like a 'v', but often silent in the middle of a word
c	similar to English, but when in the middle or at the end of a word, there is a hard breathing before the 'c'
ch	like 'ch' in J.S. Bach (X)
chd	as 'ch' (above) but followed by a hard 'k' sound
d	harder than in English, often sounding closer to English 't'. When 'broad', with tongue pressed against top teeth. When 'slender' like English 'ch'—See note on broad and slender consonants below.
dh	when slender, similar to English 'y'. When broad, similar to 'ch' sound (see above) but using voice instead of just breath.
e	Sometimes like 'e' in 'let'. Sometimes like 'a' in 'rate'.
è	As for 'e' but longer.
f	f
fh	Mostly silent. In a couple of words like English 'h' (fhathast, fhuair)
g	harder than in English, often more like English 'k'
gh	the same as 'dh'
h	h (but not when following another consonant—see

171

	combinations listed, bh, ch etc
i	like English 'ee'
ì	as for i, but longer
l	when broad, pronounced with tongue pressed against top teeth, sounding like a Russian 'l'. When slender, sometimes like 'l' in 'let', other times like 'll' in million.
m	m
mh	like 'v'. Often silent in the middle of a word.
n	Sometimes like 'n' in 'net'. Sometimes as in 'onion'. Also sometimes pronounced with tongue pressed against top teeth as for broad 'l'—see above.
o	o
ò	like 'o' but longer
p	similar to English 'p' but in the middle or at the end of a word it has a hard breathing in front of it.
ph	ph
r	r, broad more rolled than slender.
s	s
sh	h
t	Broad, pronounced with tongue pressed against top teeth. Slender more like English 'ch'. Also preceded by hard breathing sound in the middle or at the end of a word.
th	h
u	oo as in 'book'
ù	like 'u' but longer

Broad and Slender

Consonants are 'broad' when they fall next to one of the vowels **a, o** or **u.** They are slender next to **e** or **i.**

BIRLINN LTD (incorporating John Donald and Polygon) is one of Scotland's leading publishers with over four hundred titles in print. Should you wish to be put on our catalogue mailing list **contact**:

Catalogue Request
Birlinn Ltd
West Newington House
10 Newington Road
Edinburgh EH9 1QS
Scotland, UK

Tel: + 44 (0) 131 668 4371
Fax: + 44 (0) 131 668 4466
e-mail: info@birlinn.co.uk

Postage and packing is free within the UK. For overseas orders, postage and packing (airmail) will be charged at 30% of the total order value.

For more information, or to order online, visit or website at **www.birlinn.co.uk**

Birlinn